Juristische Lehrmeinungen

über

Börsengeschäfte.

Aus den
Gesichtspunkten der Praxis
beleuchtet von

Neander Müller.

Im Auftrage
des Centralverbandes des deutschen Bank- und Bankiergewerbes veröffentlicht.

Berlin 1903.
J. Guttentag, Verlagsbuchhandlung,
G. m. b. H.

Druck von A. W. Hayn's Erben, Berlin und Potsdam

Die vorliegende Arbeit war zur Veröffentlichung in unserem Verbandsorgane, dem „Bank-Archiv", bestimmt. Ihr Umfang hätte jedoch dort einer ungeteilten Wiedergabe technische |Schwierigkeiten bereitet, und deshalb ist für die Veröffentlichung die Form der Monographie gewählt worden. —

Wir würden es gern begrüssen, wenn Aufsätze, welche an das hier behandelte Thema anknüpfen, der Redaktion des Bank-Archivs — Frankfurt a./M., Börsenplatz — zur Publizierung übergeben würden.

Centralverband des Deutschen Bank- und Bankiergewerbes.

Einleitung

In meiner Abhandlung „Differenztheorie und Börsengeschäfte“,[1]) welche der Centralverband des deutschen Bank- und Bankiergewerbes auf Veranlassung seines Herrn Vorsitzenden in weiten Kreisen der Justiz, bei Handelsrechtslehrern und Nationalökonomen verbreitet hat, habe ich die Behauptung aufgestellt, dass trotz der umfangreichen Literatur über börsenrechtliche Fragen die *tatsächlichen* grundlegenden Vorgänge bei Börsengeschäften, wie sie sich in der Geschäftspraxis ergeben, noch immer nicht genügend gewürdigt und klargestellt seien. Weiterhin habe ich von *irrigen Lehrmeinungen* über den *Begriff* und den *Zweck* des *Liquidationskurses* gesprochen, aber ich bin in meiner Darstellung den Nachweis für diese Behauptungen im einzelnen schuldig geblieben. ich wollte die ohnehin nicht grosse Chance, meinen Ausführungen Beachtung zu verschaffen, nicht noch durch Weitschweifigkeit mindern. Andererseits möchte ich aber nicht in den Verdacht geraten, unbeweisbare Behauptungen ausgesprochen zu haben, und ich habe deshalb in diesen Blättern nachzuholen, was ich in jenen unterlassen habe.

Von den erwähnten juristischen Konstruktionen werden für den vorliegenden Zweck vornehmlich diejenigen in Betracht zu kommen haben, welche in den *neuesten* handelsrechtlichen Lehrbüchern vertreten werden. Denn die Anschauungen über börsenrechtliche Fragen haben sich unter dem Einflusse der bekannten reichsgerichtlichen Judikatur, des Börsengesetzes, des neuen Handelsgesetzbuches und der einschlägigen Bestimmungen des Bürgerlichen Gesetzbuches in den letzten Dezennien von Jahr zu Jahr bis auf den heutigen Tag so häufig und so wesentlich geändert, dass Lehrbücher, wie das

[1]) 1903. 3. Aufl. Verlag von Franz Siemenroth, Berlin. — Die 1 Auflage war unter dem Pseudonym „M. Neander“ erschienen.

von Thöl, zuletzt im Jahre 1879 erschienen, und das Endemannsche Handbuch, zuletzt in der Mitte der achtziger Jahre erschienen, aktuelles Interesse für die praktische Beurteilung dieser Fragen — leider — kaum noch bieten können.

Aus Thöls „Handelsrecht“.

Thöl war ja wohl einer der ersten, der den Begriff des Differenzgeschäftes in die Theorie eingeführt und damit der Judikatur überliefert hat. Ihm galt das Differenzgeschäft als ein contractus sui generis, für dessen Klagbarkeit er eintrat, obwohl er unter jenem theoretischen Begriffe nur das reine, im praktischen Börsenverkehre unbekannte Differenzgeschäft verstand, bei welchem die Kontrahenten in übereinstimmender Spielabsicht und unter vertragsmässigem Ausschlusse der Effektivlieferung vereinbartermassen Gegenspieler um die Differenz zwischen Vertragspreis und Marktpreis der Lieferzeit wären.

Aber diejenigen Momente, auf welche es gegenwärtig für die Klarstellung der Frage im wesentlichen ankommt, die missverstandenen Vorgänge bei der Ultimoliquidation, werden weder in Thöls Lehrbuch,[1]) noch in seinem von ihm viel zitierten Buche „Der Verkehr mit Staatspapieren“[2]) behandelt.

Von den Spekulationsgeschäften im allgemeinen sagt Thöl in seinem Lehrbuch (S. 965) richtig, dass das „Resultat der realisierten Spekulation“ in der „Kursdifferenz zwischen dem Kurs der Einkaufs- und der Verkaufszeit“ besteht und dass der à la hausse spekulierende „Käufer nach freiester Willkür für seinen Verkauf den Tag wählt.“ Weiter jedoch meint er, dass der à la baisse spekulierende „Verkäufer den Einkauf häufig erst am Lieferungstage macht“ und man deshalb „bei ihm, diesen häufigeren Fall vor Augen habend, oft von der Differenz zwischen dem Kurs des Schlusstages und dem des Lieferungstages spricht“. Hiermit legt Thöl, der schon durch die Worte „man spricht“ jene Ausdrucksweise als ungenau charakterisiert, selbst wenn bei Baisse-Operationen der behauptete „häufigere Fall“ tatsächlich zuträfe, haarscharf den Punkt blos, von dem die Begriffsverwirrung in der ganzen Materie sicherlich ihren Ausgang nahm: ein ungenauer

---

[1]) 6 Auflage 1879

[2]) 2. Auflage 1835.

Ausdruck, der sich durch angeblich häufig vorkommende Fälle gebildet hatte, blieb haften, wurde schliesslich für generell zutreffend erachtet, und auf dieser unzutreffenden Basis bauten sich dann neue Trugschlüsse auf. Vielleicht hat bei dieser ungenauen Ausdrucksweise auch die irrige Vermutung mitgesprochen, dass es für die Erledigung aller missglückten Fixgeschäfte gar nicht zu einer ordnungsmässigen Abwickelung durch ein selbständiges Gegengeschäft komme, sondern dass sich die Kontrahenten von dem Vertrage in handelsrechtlich zulässiger Weise nach dem System des fingierten Realisationsverkaufes resp. des fingierten Deckungskaufes einfach durch Feststellung des Erfüllungsinteresses, bestehend in der Differenz zwischen dem Vertragspreise und dem Marktpreise am Lieferungstage, befreiten.

Aus Endemanns Handbuch (Grünhut).

Die Klagbarkeit des Differenzgeschäftes wird auch in Endemanns Handbuch des Handelsrechts[1]) befürwortet; hier behandelt Professor Grünhut in dem von ihm bearbeiteten Abschnitte von den „Börsengeschäften" die ganze Materie in ausführlicher Weise. Seine Ausführungen über das Differenzgeschäft in jenem weiteren Sinne, der mit dem Begriffe leider noch heute zu Unrecht verbunden ist, treffen fast überall ins Schwarze und müssen im allgemeinen als mustergültig bezeichnet werden. Eingehend würdigt er die Vorgänge bei der Ultimoliquidation. von richtigen Voraussetzungen und Vorstellungen ausgehend, kommt er fast überall zu richtigen Schlüssen. Widerspruch erfordert nur seine Behauptung, (S 6), dass ein Spekulationsgeschäft sich für die Kontrahenten „auf der verschiedenen Ansicht rücksichtlich des wahrscheinlichen Preises am Lieferungs- oder Empfangstage" aufbaue, weshalb Grünhut auch (S 7) in dem Tagespreise des Lieferungstermines gleichsam den Gradmesser für die Beurteilung zu finden scheint, ob ein Zeitkäufer mit dem Abschluss des ursprünglichen Zeitgeschäftes gut gefahren sei oder besser getan hätte, erst am Lieferungstage per Kasse zu kaufen. Auch er spricht (S. 11) von einem Differenzgeschäfte, bei welchem der Verkäufer „sowohl im Falle des Steigens, als auch des Sinkens des Kurses die verkaufte Ware zu dem

---

[1]) 3. Bd 1885.

Kurse des entscheidenden Stichtages zurückgekauft" hat. Und Seite 15 identifiziert er zwar richtig die Stellung des Waren-Kreditkäufers, der auf die Erzielung einer Preisdifferenz aus seinem Kreditkauf und dessen Wiederverkauf hinarbeitet, mit derjenigen des Börsenbesuchers, aber irrigerweise fügt er hinzu, dass dieser Börsenbesucher „Papiere zu einem bestimmten Preis auf Zeit kauft und, um sich den Kaufpreis zu verschaffen, dieselben Papiere zum Kurse des Lieferungstages zwar nicht einem Dritten, aber seinem Verkäufer wieder verkauft." Nach alledem scheint auch Grünhut anzunehmen, dass eine Kompensation nicht nur mittelst selbständigen Gegengeschäftes, sondern auch automatisch „zum Liquidationskurse" möglich wäre. Jedenfalls erinnert aber Grünhut mit Recht daran, dass auch die Kompensation, selbst wenn sie eine integrierende Vertragsbedingung wäre, im Rechtsverkehre „den Charakter der wirklichen Erfüllung" (S. 11) behalte. Und zutreffend weist er (S. 11 u. 15) darauf hin, dass die Parteien es gar nicht nötig haben, Kaufverträge zu simulieren, da sie ja eben so gut aus freier Entschliessung Wett- oder Spielverträge abschliessen könnten; wählen sie trotzdem für ihre Zwecke ausdrücklich die ernste Geschäftsform des Kaufvertrages, so bekunden sie dadurch klar und deutlich, dass die Eingehung klagloser Spiel- und Wettverträge nicht in ihren Intentionen gelegen hat. Und selbst wenn sie unwahrscheinlicherweise den Kaufvertrag wirklich nur simuliert haben sollten, statt zu wetten, so hätten sie auch mit der Wahl dieser Form immer noch ausdrücklich ihre ernstliche Verzichtleistung auf die Klaglosigkeit bekundet. —

Cosack u. Gareis. Nach diesem Rückblick auf die beiden Standardwerke früherer Dezennien möchte ich nunmehr jenen Lehrbüchern näher kommen, welche gegenwärtig die verbreitetsten und angesehensten sind: denen von Cosack und von Gareis. Diese beiden Lehrbücher des Handelsrechts entsprechen wohl der Meinung der Gegenwart: in ihrem Sinne wird vom Katheder der Universitäten herab gelehrt, in ihrem Sinne bildet sich die juristische Jugend, unsere zukünftigen Richter, Anwälte, Nationalökonomen und Staatsbeamten, aus. Falsche Anschauungen, denen hier nicht widersprochen wird, erben sich wie eine ewige Krankheit von Geschlecht zu Geschlechte fort. Hier begegnen wir daher dem Übel an der Wurzel, und hier hätte es schon längst von den Männern der geschäftlichen Praxis bekämpft werden sollen.

Ihr Urteil über die Judikatur des Reichsgerichts.

Gerade Männer, wie Gareis und Cosak von irrtümlichen Anschauungen zu überzeugen, erscheint nicht unmöglich; sie können keinerlei Interesse daran haben, Dinge zu lehren und Behauptungen aufzustellen, die den tatsächlichen Vorgängen widersprechen; sie sind weitsichtig genug, um den wirtschaftlichen Wert des Zeitgeschäftes zuzugestehen und sie machen kein Hehl daraus, dass ihnen die gegenwärtige einschlägige Judikatur des Reichsgerichtes nicht gefällt. So erklärt Gareis[1]) (S. 566), daß die im Börsengesetze vorgesehenen Termin-Handelsverbote für Industriewerthe „keine privatrechtliche Bedeutung haben, auch nicht angesichts des B.G.B. § 134,[2]) denn das (Börsen-)Gesetz verknüpft eigene und andere Wirkungen mit dem Verbote in seinen §§ 51 und 52“. Und Cosack meint in seinem Lehrbuche[3]) (S. 356 Abs. 4), dass das „freie Termingeschäft“ im Gegensatze zum „Börsentermingeschäfte“ durch die Nichteintragung der Parteien ins Börsenregister in seiner Wirksamkeit nicht beeinträchtigt sei!“ Er fügt wörtlich hinzu: „Allerdings hat das Reichsgericht das Gegenteil behauptet. Indes steht diese Behauptung im Widerspruch zu dem klaren Wortlaut und dem zweifellosen Sinn des Gesetzes, da . . . . . das Börsengesetz dem Börsenregister eine privatrechtliche Wirksamkeit nicht allgemein für „Termingeschäfte“, sondern nur für „Börsentermingeschäfte“ beilegt und es unter diesen Börsentermingeschäften definitionsgemäss nur die offiziellen Termingeschäfte versteht. (Börsengesetz § 66. I und 48 im Gegensatz dazu § 51, 2 und 52.)“. Selbst hinsichtlich der verbotenen freien Termingeschäfte äußert sich Cosack (S. 356 3a Schluss) zur Rechtssprechung des Reichsgerichts dahin, dass es diese Geschäfte „schwerlich mit Recht geradezu für ungültig erklärt“.

---

[1]) 6 Auflage 1899.

[2]) Derselbe lautet: Ein Rechtsgeschäft, das gegen ein gesetzliches Verbot verstösst, ist nichtig, wenn sich nicht aus dem Gesetz ein anderes ergibt.

[3]) 6 Auflage 1903.

Dernburg's Urteil.

Noch schärfer wird Dernburg. In seinem Lehrbuch des bürgerlichen Rechtes behandelt er in der zweiten Abteilung des zweiten Bandes[1]) auch die handelsrechtlichen Obligationen und sagt hier (Seite 23) von denjenigen Termingeschäften, bei welchen „die vom Börsenvorstand für den Terminhandel festgesetzten Geschäftsbedingungen ausgeschlossen sind", dass sie „also im Sinne des § 66 keine Börsentermingeschäfte sind". Er fährt fort. „Die besondere Vorschrift des Börsengesetzes § 66 auf sie anzuwenden, lässt sich nach dem klaren Wortlaut des Börsengesetzes § 48 nicht rechtfertigen. Die Entscheidung des Reichsgerichts (Band 42, Seite 43) ist nach Art des prätorischen Ediktes supplendi, ja corrigendi juris civilis gratia erlassen. Sie macht Recht, wenn sie allgemein bei den Gerichten Anerkennung findet".

Zu so vernichtenden Kritiken an der Judikatur des Reichsgerichtes gelangen diese Rechtslehrer, obwohl sie in der Beurteilung börsenmässiger Zeitgeschäfte von Anschauungen beherrscht werden, welche folgerichtig leicht zu dem Schlusse führen müssen, dass es sich bei diesen Geschäften — so wie sie sich dieselben vorstellen — doch wohl um verkappte Spiel- und Wettverträge handele. Würden sie die tatsächlichen Vorgänge im Börsenverkehre von Grund aus richtig würdigen —, wie würde wohl dann ihr Urteil über jene oberstinstanzliche Rechtsprechung lauten? —

Gareis über die Festsetzung der Kassakurse

Schon da, wo es sich um die Begriffsbestimmung des Kassageschäftes handelt, wird man Gareis nicht folgen können, wenn er hier (S. 540 u. 542) behauptet, dass — anders wie beim Zeitgeschäfte — beim Kassageschäftsabschlusse eine „Unterwerfung unter die Preisfestsetzung durch Dritte" stattfände. Er versteht unter diesen „Dritten" den Börsenvorstand, unter gutachtlicher Mitwirkung der Kursmakler, und folgert aus der Art der Kusrfeststellung durch diese Faktoren, dass hierbei „also die privatrechtlich unerlässliche Vereinbarung des Kaufpreises in der von den Parteien gewollten Unterwerfung unter diese offizielle Preisfeststellung besteht". In dieser Auffassung liegt doch wohl eine Verkennung der Aufgabe,

---

[1]) 1901 erste und zweite Auflage: „Die Schuldverhältnisse nach dem Rechte des deutschen Reiches und Preussens".

welche Börsenvorstand und Kursmakler bei der Ermittelung und Feststellung der Kassakurse zu erfüllen haben.

Ebenso wie bei der Registrierung der im Terminhandel vorfallenden Abschlüsse beschränkt sich auch im Kassaverkehre die Vollmacht des Börsenvorstandes und der Kursmakler ausschliesslich auf die protokollarische Registrierung dessen, was die durch Vermittelung der Makler abschliessenden Kontrahenten selbst als Preis der gehandelten Effekten bestimmt haben. Durch die von ihnen selbstgegebenen Limita, zu denen sie mindestens verkaufen oder höchstens kaufen wollten, haben sie — die Kontrahenten — allein die Preisbestimmung bei jedem Börsengeschäfte, gleichviel ob es im Zeit- oder Kassaverkehre zustande kommt, in der Hand, und sie entäussern sich dieses Rechtes auch selbst dann nicht zu Gunsten des Börsenvorstandes, wenn sie den Auftrag „billigst" zu kaufen oder „bestens" zu verkaufen, erteilen; sie überlassen alsdann die Preisbestimmung nur, wie im Geschäftsverkehre bei solcher Sachlage überall üblich, dem Gegenkontrahenten und acceptieren von vornherein den Preis, welchen dieser für die Werte fordert, resp. zahlt. Das ist also für das Kassageschäft genau derselbe Vorgang wie beim Zeitgeschäfte, nur dass bei diesem die zu ständig variierenden Kursen stattfindenden Abschlüsse in ihren zahlenmässigen Variationen zur Protokollierung durch den Börsenvorstand und die Makler gelangen, während für die Kassapapiere, soweit in diesen Werten die Ausgleichung des gesamten für den Börsentag vorliegenden Angebotes und der entsprechenden Nachfrage nur einmal[1]), und zwar gegen Schluß des offiziellen Börsenverkehrs, stattfindet, auch nur ein einheitlicher Kurs registriert werden kann!

---

[1]) Es gibt eine Anzahl deutscher Börsen, wie die Hamburger und Breslauer, welche auch für Kassapapiere das System des „einheitlichen" Kurses nicht kennen, sondern zu variierenden Kursen, wie sie die momentane Geschäftslage ergibt, handeln und jeden Abschluss amtlich „notieren". Die Berliner Börse notiert variable Kassakurse nur bei denjenigen Kassapapieren, in welchen ein „Grossverkehr" stattfindet. Indessen findet auch hier in anderen Kassapapieren bei lebhaftem Geschäft ein freies Handeln zu variablen Kursen, jedoch ohne amtliche Notiz, zeitweise statt.

Vielleicht wird man in dem Unterschiede zwischen der Gareis'schen Auffassung und dem tatsächlichen Vorgange bei der Feststellung der Kassakurse die praktische Bedeutung vermissen und darum die hier geübte Kritik für überflüssig erachten. Aber bei genauerer Betrachtung haben wir es doch wohl auch hierbei schon mit einem Gliede jener Gedankenkette zu tun, die den Nachweis erbringen will, dass die Börse für ihre Geschäfte mit den sonst im Handelsverkehre üblichen Geschäftsformen nicht auskommt und sich besondere für *ihre Zwecke* eigens zurecht gemachte Formen schafft, bei denen sie in *angeblichem* Missbrauch ihrer *angeblichen* Omnipotenz das Recht des schwächeren Outsiders zu vergewaltigen sich bemüht.

Besondere Geschäftsformen der Börse?

Tatsächlich braucht und benutzt die Börse *keinerlei andere* Geschäftsformen, wie der *gesamte* übrige Handelsverkehr, und wenn auch, statt der früher einheitlichen Form des Zeitgeschäftes an der Börse, gegenwärtig zwischen offiziellen Termingeschäften (Börsentermingeschäften) und freien Termingeschäften, erlaubten freien und verbotenen freien, zwischen Termingeschäften mit Nachfrist (handelsrechtlichen Lieferungsgeschäften) und solchen ohne Nachfrist unterschieden wird, so wird man hierin wohl Ab- und Unterarten des handelsrechtlichen Kaufgeschäftes auf Zeit, aber keine neuen, gleichsam für die speziellen Zwecke des Börsenverkehrs „erfundenen" Geschäftsformen erblicken können. Vielmehr passen im Gegenteil jene haarspalterischen Definitionen der einzelnen Termingeschäftsarten wenig für die *einheitliche* Abschlussform des praktischen Geschäftsverkehrs, die im *Prinzipe* stets die gleiche bleibt, wenn auch die einzelnen Spezialbestimmungen des Vertrages je nach Lage des Falles wechseln. Wir verdanken jene Definitionen ausschliesslich der bekannten Fassung des Begriffes des „Börsentermingeschäftes" in §. 48 Börsen-Gesetzes. Es hatte eben selbst der verkehrsfeindliche Gesetzgeber des Börsengesetzes schliesslich doch nicht den Mut gefunden, das Zeitgeschäft gänzlich zu untersagen, und so griff er in seiner kaufmännischen Unerfahrenheit für den theoretisch konstruierten Begriff des „Börsentermingeschäftes" willkürlich aus der grossen, wechselnden Zahl von Kriterien für ein Zeitgeschäft kumulativ drei Kriterien — Fixgeschäft,

Die Definition des Börsentermingeschäftes.

Börsenusancen für den Terminhandel und amtliche Notierung von Terminpreisen — heraus und zwar, wie die Erfahrung lehrt, mit keinem anderen praktischen Erfolge, als dass schliesslich die Judikatur — entgegen der Absicht des Gesetzgebers — sich über diese Kriterien leichten Herzens hinwegsetzt.

Das Börsentermingeschäft des Reichsgerichts.

Ist es ja tatsächlich bereits soweit gekommen, dass in einem Urteile vom 18. Oktober 1902 das Reichsgericht seine bisherigen „Grundsätze“ über das Börsentermingeschäft dahin zusammenfasst, dass es einfach erklärt: „diese — seine — Grundsätze führen zu dem Schluss, dass als Börsentermingeschäft jedes Termingeschäft zu gelten hat, das nach Börsenpreisen geschlossen ist, mögen dies nun Termin- oder Kassapreise gewesen sein.“ Da aber das Reichsgericht bereits am 12. Juli 1902 in einer Kuxengeschäfte betreffenden Entscheidung zu dem Schlusse gekommen war, dass nicht abzusehen sei, wie der „Charakter des Geschäftes dadurch geändert sein soll, dass die Parteien das Geschäft nicht zu dem von ihnen angegebenen Kassakurs oder Terminkurs, sondern zu einem höheren Preise abgeschlossen haben“ — der Preis war hierbei 1000 Mk. über dem nirgends notierten, nur dem freien Verkehr entnommenen Kassakurse vereinbart gewesen —, so ergibt sich, dass auch an dem letzten Kriterium des Börsenpreises das Reichsgericht durchaus nicht festhält, sondern ihn durch den Begriff des „Preises“ schlechtweg ersetzt. Dadurch aber ändert sich die oben angegebene Formel des Reichsgerichts dahin, dass nunmehr als „Börsentermingeschäft“ überhaupt jedes Termingeschäft zu gelten hat, da es natürlich zu irgend einem Preise abgeschlossen sein muss.

Der Börsenpreis des Reichsgerichts.

Somit wird der ganze künstlich konstruierte Begriff des „Börsentermingeschäftes“ hinfällig und die Praxis, welche früher nur den ganz gewöhnlichen Unterschied zwischen Kassageschäft einerseits und Zeitgeschäft andererseits kannte, kommt mit diesen rudimentären Unterscheidungen wieder auf ganz eigentümliche Weise zu ihrem Rechte. Nur wird bei diesem „Rechte“ infolge des Börsengesetzes das ganze Zeitgeschäft rechtlos und nur für bestimmte Effektengattungen lässt es sich allenfalls durch die Eintragung beider Parteien in das Spielregister aufrechterhalten! Solche wirtschaftlich ruinierenden Konsequenzen, die der Gesetzgeber entschieden nicht beabsichtigt hatte, sind aber am Ende nicht wunderbar, wenn man von jenen irrigen Vorstellungen aus Recht spricht, welche über Zeitgeschäfte an der Börse und deren Abwickelung in juristischen Kreisen weit verbreitet sind und denen wir auch in den Lehrbüchern des Handelsrechtes begegnen.

Aus Cosack's „Handelsrecht".

Bei Cosack:

I. S. 345/46 beginnt der Abschnitt von den „offiziellen Termingeschäften (Zeit-, Lieferungsgeschäften)" folgendermassen: „1. Dies sind Börsengeschäfte, welche auf Grund von Usancen abgeschlossen worden sind, die es den Parteien leicht machen sollen, die effektive Erfüllung des Geschäfts, also die wirkliche Lieferung der gehandelten Papiere, zu umgehen und das Geschäft durch eine blosse Differenzzahlung — nämlich durch die Zahlung der Differenz zwischen dem im Vertrage bedungenen und dem zur Lieferzeit massgebenden Preise — zu erledigen."[1])

II. S. 347 heisst es: „5. Das Wesen aller Termingeschäfte besteht darin, dass sie den Parteien die Umgehung der Effektiverfüllung und ihren Ersatz durch eine blosse Differenzahlung erleichtern sollen. Dieser Zweck des Terminhandels wird im Wege der Skontration erreicht." (!)

III. S. 350 heisst es: „c) Wird erst durch das Ineinandergreifen zweier Termingeschäfte die Verpflichtuug der Parteien zu effektiver Erfüllung umgangen und der Leistungsgegenstand der Geschäfte in eine blosse Preisdifferenz verwandelt, so trägt doch auch das einzelne Termingeschäft bereits mindestens den Keim zu dieser Umwandlung in sich. Denn es ist darauf angelegt, dass es mit einem Gegengeschäfte verkettet werden kann."

S. 351. „d) So sind also die Termingeschäfte sehr geeignet, in blosse Differenzgeschäfte verwandelt zu werden. . . . . Die Termingeschäfte mit effektiver

[1]) Als ausserdem erforderliche Merkmale der offiziellen Termingeschäfte fügt hier Cosack die umstehend erwähnten drei Kriterien aus § 48 Börsenges. hinzu.

Erfüllung bilden nur einen kleinen Bruchteil der gesamten Termingeschäfte.“

IV. S. 347. „b) Ausser den täglichen Notierungen der Terminpreise findet am Ultimo noch die Notierung eines besonderen Preises, des Liquidations- oder Kompensationskurses statt. Dieser Kurs ist ein Tageskurs und wird auf Grund der gesamten Marktlage am Ultimo festgesetzt.“

V. Ebenda: „Gerade in der Verschiedenheit des Vertragspreises und des Liquidationspreises liegt für die meisten Terminspekulanten das einzige Interesse an dem ganzen Terminverkehr.“

Bei Gareis werden die Vorgänge im Ganzen ähnlich, aber doch mit einzelnen Abweichungen im speziellen geschildert. Er spricht zunächst: Aus Gareis „Handelsrecht“.

I. S. 541 von der „aus Spekulations- und Realisationsgeschäft zusammengesetzten Handelsoperation“, welche „in ihrem Gelingen oder Misslingen von der Preisbewegung während eines vereinbarten oder usancemässigen Zeitablaufes abhängt, nämlich von dem Steigen, Fallen oder Verharren des Preises der behandelten Ware zwischen dem Abschlusstage einerseits und dem Tage der Erfüllung oder der dieser vorangehenden Entscheidung (d. i. dem Liquidationstermin oder dem Stichtage) andererseits“.

II. S. 541 meint er weiter: „Agiotagegeschäfte heissen diejenigen Spekulationsgeschäfte, welche auf die durch den Zeitunterschied (zwischen Vertragsabschluss und Erfüllungs- oder Stichtag) herbeigeführten Schwankungen der Preise im Geld-, Waren- oder insbesondere Effektenverkehr gebaut sind“.

III. Von den Zeitgeschäften an der Börse sagt er S. 542: dass sie „zwei andere sich ebenfalls an den Unterschied in der Erfüllungszeit anschliessende Eigentümlichkeiten zeigen:

a) die Tendenz, die Wareneffektivlieferung durch Überweisungen von Lieferungspflichtigen zu erleichtern oder zu ersetzen und

b) die Tendenz, auch die Preiszahlung durch Überweisungen von Zahlungspflichtigen zu erleichtern und bis auf die über einen Durchschnittspreis (Kompensations- oder Liquidationskurs) hinausgehenden Preisunterschiede dadurch auch zu ersetzen.

Vermöge dieser beiden Tendenzen hat das Börsentermingeschäft die Neigung, Differenzgeschäft zu werden, und wird es in der Tat auch wirklich in den meisten Fällen der börsenmässigen Liquidation“.

IV. S. 549—51 hebt Gareis hervor, dass „der Börsenverkehr das sog. reine Differenzgeschäft nicht kennt, um deswillen nicht, weil die Abwickelung nicht direkt, sondern durch Substitutionen anderer Kontrahenten auf dem Wege des Börsenarrangements am Liquidationstermin erfolgt oder wenigstens regelmässig erfolgen kann. Die Geschäftsabschlüsse sind durchweg von vornherein auf wirkliche Lieferung und wirkliche Abnahme gerichtet, sodass sich keineswegs aus dem Äusseren der Vereinbarung die Absicht, das Geschäft durch ein entgegengesetztes Geschäft zu „kompensieren“ und die beiden Geschäfte mittelst Empfang oder Bezahlung der Differenz zu „regulieren“, ergibt, sondern dies erst aus dem bei der Erfüllung auftretenden Parteiinteresse hervorgeht.

Aber eine Nebenverabredung, dass es so gehalten werden soll, wie wenn ein Zeitgeschäft in entgegengesetzter Richtung von dem einen und von dem andern Kontrahenten neben dem ausdrücklich vereinbarten Kaufe abgeschlossen worden wäre, ergibt sich regelmässig aus dem Orte des Abschlusses, (nämlich der Börse) oder der örtlichen Beziehung der Realisation der Geschäfte, nämlich der Realisation auf der Börse; damit ist dann als stillschweigend paktiert anzusehen, dass das Geschäft nach den Regeln der börsenmässigen Liquidation (d. i. Abwickelung mittels Skontration auf Grund der Kompensationskurse sog. „Börsenarrangements“) zu Ende gebracht werde“.

V. S. 542 sagt Gareis: „Die Bildung und Verwendung des Durchschnittspreises (Kompensations- oder Liquidationskurs) ist eine der Hauptfunktionen der Fondsbörsen".

Der diesen Anschauungen zunächst zu Grunde liegende Hauptirrtum ist folgender:

Das selbständige Spekulationsgeschäft.

Im Handelsverkehr, im Waren- wie im Effektenhandel, bildet jeder einzelne Geschäftsabschluss, ob per Kasse oder auf Zeit getätigt, ein vollkommen selbständiges Ganze, das vertragsmässig durch Abnahme oder Lieferung zu erfüllen ist; Niemand übernimmt im Handelsverkehre mit dem Abschlusse eines solchen einseitigen Geschäftes — wie ich es einmal hier in einem, mit der sonstigen Bedeutung dieses terminus nichts gemein habenden Sinne nennen möchte — die Verpflichtung zum Abschlusse eines Gegengeschäftes, noch hat er auch nur nötig, sich darüber zu äussern. Der einzelne Vertragschliessende würde in sehr vielen Fällen garnicht in der Lage sein, hierüber eine für später zutreffende Erklärung abzugeben, da er selbst noch ganz unschlüssig mit sich sein kann, welche Konsequenzen er aus jenem einseitigen Geschäftsabschlusse ziehen will; ob er die Erfüllung des Geschäftes durch Abnahme, resp. Lieferung der Ware, oder durch Kompensation mit einem — späterhin innerhalb der Frist bis zum vereinbarten Erfüllungstermine, auf den gleichen Termin abzuschliessenden — Gegengeschäfte bewirken will. Die Form des Geschäftsabschlusses ist für beide späteren Eventualitäten die gleiche, was notwendig schon deshalb der Fall sein muss, weil von den Kontrahenten eines Geschäftes der Verkäufer vielleicht durch Ablieferung aus seinen Beständen erfüllt und der Käufer später seine Verpflichtungen durch ein Gegengeschäft zur Erfüllung bringt. Ob er ein solches Gegengeschäft tatsächlich abschliessen wird, hängt von der Gestaltung so vieler Faktoren (veränderter Marktwert, veränderte Gelddispositionen etc.) ab, die er im Momente des ursprünglichen Vertragsabschlusses noch gar nicht zu übersehen vermag, dass diese eben je nach ihrer Gestaltung auf die Beibehaltung oder Änderung seines ursprünglich vielleicht beabsichtigten Erfüllungsmodus von bestimmendem Einfluss werden.

Vermag aber schon der für eigene Rechnung operierende Händler im Momente des Geschäftsabschlusses nicht von vornherein zu bestimmen, auf welchem Wege er am Lieferungstermine die Erfüllung bewirken werde, so ist hierüber naturgemäss noch weit mehr im unklaren der Kommissionär, zumal wenn er den Auftrag seines Kommittenten brieflich oder telegraphisch übermittelt erhält: ob sein Kommittent in natura beziehen oder abliefern wird, ob er später durch ihn oder vielleicht durch einen anderen Kommissionär ein Gegengeschäft zwecks Kompensation abschliessen wird, darüber informiert ihn bei der Auftragserteilung kein Sterbenswörtchen. Unbekümmert aber um den späteren Erfüllungsmodus seitens seines Kommittenten erledigt der Kommissionär zunächst den ihm vorbehaltslos erteilten Auftrag zum Kauf resp. Verkauf dadurch, dass er seinerseits vorbehaltslos ein ihn voll verpflichtendes, selbständiges Kauf- resp. Verkaufsgeschäft abschliesst. —

Die zusammengesetzte Handelsoperation.

Trotz dieses Sachverhalts aber konstruiert sich die Theorie, wie wir oben aus Gareis I und IV ersehen, eine „aus Spekulations- und Realisationsgeschäft, wirklichem oder fingiertem, zusammengesetzte Handelsoperation erst als das einheitliche Ganze. Obwohl an der Börse unzählige einseitige Zeitgeschäfte abgeschlossen werden, bei denen das Gegengeschäft unterbleibt, und die trotzdem mittelst Skontration zur Abwickelung gelangen, genügt Gareis (IV. Schlusspassus) der Ort des Abschlusses, die Börse, um daraus zu folgern, dass sich aus ihm regelmässig die Nebenverabredung ergebe, dass, „es so gehalten werden soll, wie wenn ein Zeitgeschäft in entgegengesetzter Richtung von dem einen und von dem anderen Kontrahenten neben dem ausdrücklich vereinbarten Kaufe abgeschlossen worden wäre“. Er suggeriert also dem das erste Geschäft Abschliessenden die bestimmte Absicht und Verpflichtung zum Abschlusse des Gegengeschäftes. Träfe dies zu, stände also an der Börse jedem Zeit-Kaufgeschäfte eines Kontrahenten ein Verkaufsgeschäft desselben Kontrahenten gegenüber, so müsste für jedes einzelne Mitglied der Skontrierungsstelle die Skontrierung, soweit die Effekten-Nominalbeträge in Betracht kommen, stets saldenlos verlaufen, und die Abnahme oder Lieferung von

Effekten in natura wäre ausgeschlossen. Dass dies nicht der Fall ist, lehrt die Einsichtnahme in die Skontrobogen jedes Skontrierungsvereins (vergl. Anlage 2). Sie widerlegt auch die Ansicht Cosacks (III. Schlusspassus), dass „die Termingeschäfte mit effektiver Erfüllung nur einen kleinen Bruchteil der gesamten Termingeschäfte bilden".

Die Handelsoperation im Börsengesetze.

Der Begriff der zusammengesetzten Handelsoperation als eines einheitlichen Ganzen hat ersichtlich auch den Gesetzgeber des Börsengesetzes verwirrt, wodurch er im § 66, 4 dieses Gesetzes zu der Bestimmung verleitet wurde: „Eine Rückforderung dessen, was bei oder nach völliger Abwickelung des Geschäftes (man beachte den Singularis, nicht Pluralis: der beiden Gegengeschäfte) zu seiner Erfüllung geleistet worden ist, findet nicht statt". Der hier aus der Materie des Spieles oder der Wette herübergenommene Passus wäre entbehrlich, wenn das einseitige Geschäft und nicht vielmehr die doppelseitige Operation (Geschäft und Gegengeschäft) gemeint wäre. Was sollte es heissen, wenn man von einem einseitigen Kaufgeschäfte auf Zeit, hier also dem einzelnen Börsentermingeschäfte, sagen wollte: Was bei oder nach der völligen Abwickelung zur Erfüllung geleistet worden ist, kann nicht zurückgefordert werden? Ein einseitiges Kaufgeschäft wird abgewickelt durch Abnahme und seine Erfüllung wird durch die Zahlung des Kaufpreises bewirkt. Wäre es wirklich, wenn man das einzelne selbständige Börsentermingeschäft im Auge gehabt hätte, erforderlich gewesen, durch ausdrückliche Bestimmung im Gesetze Schutz dagegen zu schaffen, dass jemand die gekaufte Ware behält, den ganzen zu bezahlenden Kaufpreis aber nicht entrichtet oder den bezahlten zurückzufordern wagt?! Aus der oben zitierten Bestimmung des § 66, 4 Börsengesetzes spricht klar jene Begriffsverwirrung zwischen dem einseitigen Geschäftsabschlusse und der zweiseitigen Handelsoperation. Bei der letzteren tritt durch Aufrechnung des Verkaufserlöses gegen den Kaufwert und durch gleichzeitige Kompensation der zu liefernden und der zu beziehenden Ware als Ergebnis der Transaktion eine „Differenz" in die Erscheinung, welche allein dem Gesetzgeber als das bei der

„Abwickelung" zur „Erfüllung" zu Leistende[1]) vorschwebte und deren Rückforderung er in diesem Falle untersagte.

Die Handelsoperation beim Reichsgericht.

Dass dem so ist, zeigt auch die Judikatur: wie könnte sonst in einem reichsgerichtlichen Urteil vom 12. Juli 1902, wo das obenerwähnte Lieferungsgeschäft in Kuxen in Frage stand, die Behauptung aufgestellt werden, die börsenmässige Spekulationsnatur des Geschäftes werde auch „durch den unsicheren Kurs zur Zeit der Abwickelung des Geschäftes bestimmt, die hier durch die Klausel, „oder täglich nach Käufers Wahl" in der Hand des Käufers und seiner Spekulation lag"? Hierdurch kennzeichnet sich eben die Auffassung des Richters, dass der Moment der „Abwickelung" des ursprünglichen Spekulationsgeschaftes seiner Meinung nach zeitlich eintritt und zusammenfällt mit dem Momente, in welchem das als selbstverständlich vorausgesetzte Gegengeschäft zur Erfüllung gelangt. Tatsächlich wird aber gerade bei einem Spekulationskaufe, der auf festen Termin oder „täglich nach Käufers Wahl" geschlossen ist, besonders klar, dass jene richterliche Anschauung unzutreffend ist. Denn es ist der Fall möglich, dass der ursprüngliche Spekulationskäufer zwar wirklich ein Gegengeschäft auf den gleichen festen Termin, an dem spätestens das ursprüngliche Geschäft fällig wird, abgeschlossen hat, aber trotzdem wird er möglicherweise schon vorher die gekaufte Ware auf Grund der Klausel „täglich nach Käufers Wahl" beziehen, vielleicht um in der Zwischenzeit zwischen der Abnahme der gekauften und dem Lieferungstermine der wieder verkauften Ware disponibles Geld zinsbar zu belegen. Dann ist der Moment der Abwickelung des Spekulationskaufes von dem Momente der Abwickelung des Gegengeschäftes und damit auch der gesamten Handelsoperation zeitlich weit getrennt; es hat eben jedes der beiden zu der Handelsoperation vereinigten Geschäfte einen besonderen selbständigen Zeitpunkt der

[1]) In dem Wermuth-Brendel'schen Kommentar zum Börsengesetze heisst es in der Einleitung, dass die Bestimmungen über den „Börsenterminhandel" veranlasst seien durch die Missstände, welche sich aus der „leichten Art des Geschäftsabschlusses und der meist lediglich durch Begleichung der Kursdifferenzen erfolgenden Abwickelung" ergeben hätten. (Seite 16.)

Abwickelung. Der Gesetzgeber aber hat diese beiden selbständigen Abwickelungs- oder Erfüllungsvorgänge, weil sie häufig zeitlich zusammenfallen, zusammengeworfen, und die Judikatur ist ihm hierbei gefolgt.

Diese falsche Annahme ist allerdings die unbedingt notwendige Voraussetzung, um überhaupt den Begriff des Differenzgeschäftes konstruieren zu können: er beruht ja darauf, dass im Widerspruch mit der Praxis die Kompensation der beiden im gleichen Momente abzuwickelnden Gegengeschäfte zur Nebenwirkung herabgedrückt und dagegen die Zahlung des Preisunterschiedes zwischen Kauf und Wiederverkauf zur Hauptsache gestempelt und diese Differenzzahlung erst als Abwickelung resp. Erfüllung betrachtet wird.

Neigung oder Keim zum Differenzgeschäfte.

Tatsächlich aber unterscheidet sich dieser Vorgang im Effektenlieferungsgeschäfte durch nichts von dem gleichartigen Vorgange bei jeglichem Lieferungsgeschäfte im Handelsverkehre. Im gesamten Gebiete des Handels kann für jedwedes Zeitgeschäft vor seiner Erfüllung ein Gegengeschäft abgeschlossen werden, das an dem gleichen Termine wie das ursprüngliche Geschäft fällig wird. Alsdann bleibt stets, wenn Kauf und Verkaufswert sich rechnerisch gegenüberstehen, eine „Differenz" übrig. Wenn daher von dem einzelnen Börsentermingeschäfte bei Gareis III gesagt wird, dass es „Neigung habe, Differenzgeschäft zu werden", oder dass es — nach Cosack III — „mindestens den Keim zu dieser Umwandlung in sich trage, so muss darauf hingewiesen werden, das dies keine besondere Eigentümlichkeit der Effektenzeitgeschäfte ist, sondern dass das Gleiche mit dem gleichen Scheine von Recht oder Unrecht von jedem Zeitgeschäfte im Handelsverkehre behauptet werden kann. Nirgendwo auf der Welt ist einem Terminkäufer vor dem Abnahmetermine der Ware deren Wiederverkauf verboten, der in seiner Konsequenz eben zur Differenzzahlung führt.

Wenn daher Cosack II. behauptet, dass „das Wesen aller Termingeschäfte darin besteht, dass sie den Parteien die Umgehung der Effektiverfüllung und ihren Ersatz durch eine blosse Differenzzahlung erleichtern sollen," und sich Gareis an der oben sub III zitierten Stelle zwar vorsichtiger, aber immerhin doch dem Sinne nach ähnlich ausdrückt, so stempeln sie — abgesehen von dem oben durch Grünhut geführten Nachweise, dass bei Börsengeschäften von einer Umgehung der wirklichen Erfüllung auch im Falle der Kompensation überhaupt nicht gesprochen werden kann — eine naturgemäss häufig eintretende, aber an sich ganz accidentielle und rein ökonomische Wirkung, die Differenzzahlung, zum Essentiale und begehen damit doch wohl einen ähnlichen Trugschluss, wie derjenige, welcher annimmt, weil jede Rose eine Blume ist, dass jede Blume eine Rose sei.

Der Börsenpreis der Lieferungszeit.

Aber nicht in dem Wertsunterschiede, der sich bei den beiden Gegengeschäften zwischen Kaufpreis und Verkaufserlös ergibt, sieht die Theorie das rechnerische Resultat der von ihr angenommenen Handelsoperation, sondern in der Höhe der Differenz zwischen dem Vertragspreise des Kaufgeschäftes und „dem zur Lieferzeit massgebenden Preise" (Cosack I). Auch Dernburg sagt a. a. O. Seite 143/144 von den „sog. verdeckten Differenzgeschäften, bei welchen die Beteiligten Zeitkäufe über börsengängige Effekten oder Waren abschliessen", dass die Absicht der Parteien „vorzugsweise nicht auf die Lieferung des Kaufgegenstandes geht, sondern auf die Zahlung der Differenz zwischen dem vereinbarten Preise und dem Kurse des Stichtages." Dieselbe Vorstellung hat Dernburg bezüglich der Börsentermingeschäfte. Von ihnen sagt er Seite 23: „Solche Geschäfte eignen sich besonders zur Spekulation auf die Differenz, indem man im voraus zu bestimmtem Preis verkauft, was man nicht besitzt, oder kauft, was man nicht zu erwerben gedenkt. Ist dann am Lieferungstage — am sog. Stichtag — der Kurs niedriger, als der vereinbarte Preis, so gewinnt der Verkäufer, welcher à la baisse spekulierte, die Differenz desselben gegen den Kurs, ist der Kurs höher, als der vereinbarte Preis, so gewinnt der Käufer, welcher à la hausse spekulierte, die Differenz." Cosack fügt (V.) seiner obigen Äusserung noch ausdrücklich hinzu: „Gerade in der Verschiedenheit des Vertragspreises und des Liquidationspreises liegt für die meisten Terminspekulanten das einzige Interesse an dem ganzen Terminverkehr".

Welch beklagenswerte Verkennung der wirklichen Interessen, welche der gesamte Handel am Terminverkehre hat, spricht aus diesen Worten! Und welch irrige Überschätzung von der

Bedeutung des zur Lieferzeit massgebenden Preises resp. des hierunter verstandenen, aber mit ihm nicht einmal identischen Liquidationskurses bergen diese Sätze! Hier haben wir jenes irrtümliche Gebilde vor uns, welches ich in meiner eingangs erwähnten Abhandlung im Kapitel „der Börsenpreis der Lieferungszeit, Liquidationskurs und Ultimoabrechnung“ zu entwirren versucht habe. Darum sei hier nur kurz rekapituliert, dass es falsch ist, den Börsenpreis der Lieferungszeit für einen zu jedem Termingeschäfte durchaus erforderlichen und wesentlichen Faktor zu halten und zu glauben, dass er die Terminspekulation gleichsam automatisch erledige und in ihm die Entscheidung über den guten oder schlechten Ausgang des Geschäftes geborgen liege. Es trifft nicht zu, dass gerade am Ultimo jedwede Spekulation ihr natürliches Ende erreiche zum definitiven Schaden für den einen und zum definitiven Nutzen für den anderen der beiden Geschäftskontrahenten. Über das Gelingen oder Misslingen einer Handelsoperation entscheidet nicht die Höhe des Börsenpreises der Lieferungszeit gegenüber dem ursprünglichen Vertragspreise, noch beendet der erstere die Spekulation, — entscheidend und abschliessend wirkt vielmehr für sie nur der Kurs, zu dem die auf Spekulation gekaufte Ware wieder verkauft, resp. die in blanco abgegebene Ware gedeckt wird. Wann dies geschieht, ob innerhalb der Frist bis zum Erfüllungstage, ob an einem späteren Tage, nachdem der Erfüllungstermin im Wege der Prolongation hinausgeschoben worden ist, — das bleibt immer und überall im Belieben des Spekulanten, solange es sich nicht etwa um eine erforderlich werdende Zwangsregulierung handelt; aber selbst für diese bleibt dem nicht säumigen Kontrahenten die Wahl, ob er ein effektives Gegengeschäft zur Kompensation abschliessen will oder ob er sich mit der abstrakten Berechnung der Differenz zwischen Vertragspreis und Durchschnittspreis am Tage der Zwangsregulierung begnügt; in praxi wird er sich wohl nur selten für die letztere Alternative entscheiden.

Der Liqui dationskur

Gekrönt jedoch wird jenes irrtümliche Theoriegebilde durch den Passus IV bei Cosack, der da lautet: „Ausser den täglichen Notierungen der Terminpreise findet am Ultimo noch die Notierung eines besonderen Preises, des Liquidations- oder Kompensationskurses statt. Dieser Kurs ist ein Tageskurs und wird auf Grundlage der gesamten Marktlage am Ultimo festgesetzt." Erscheint hier nicht dem geschäftsunkundigen Leser der Liquidationskurs geradezu als der übermächtige Generalkurs der am „Ultimo" noch besonders „nach der gesamten Marktlage" als „Tageskurs" festgesetzt wird, auf dass sich unter seine souveräne Gewalt jedwede Spekulation nach ihrem guten oder schlechten Ausgange endgültig beuge und sie zu ihm „abgewickelt" würde?

Dass die Börse eine derartige gleichsam automatische Erledigung eines spekulativen Engagements zu einem dekretierten Kurse, also ohne Abschluss eines selbständigen Gegengeschäftes, nicht kennt, ist bereits hervorgehoben.[1]) Der Liquidationskurs aber insbesondere wäre für einen solchen Modus, wenn er existierte, am allerwenigsten geeignet. Denn er ist weder ein extra festgestellter Tageskurs, zu dem sich Spekulationsgeschäfte automatisch erledigen, abwickeln oder erfüllen liessen, noch entspricht er der „gesamten Marktlage am Ultimo", denn er wird garnicht am Ultimo, sondern bereits zwei Börsentage vor dem Ultimotage festgesetzt und zwar derart, dass er für jedes Effekt möglichst in der Mitte der verschiedenen an jenem Feststellungstage notierten Börsenkurse liegt. Er fällt also schon zeitlich nicht mit der Feststellung des „Börsenpreises der Lieferzeit" zusammen und ist von demselben auch sachlich in Bezug auf den Kurs (vergl. Anlage 1) verschieden. Denn naturgemäss können sich im Verlaufe der drei letzten Börsentage

[1]) Auch im Falle der Zwangsregulierung kommt der Liquidationskurs nicht in Frage, selbst wenn die Zwangsregulierung zufällig am Tage der Feststellung der Liquidationskurse stattfinden sollte und der säumige Kontrahent, statt des Abschlusses eines effektiven Gegengeschäftes, die abstrakte Schadensfeststellung zwischen Vertragspreis und Durchschnittspreis am Zwangsregulierungstage wählte; hier müsste der wirkliche Durchschnittspreis am Zwangsregulierungstage (vergl. Anlage 1) der Berechnung zu Grunde gelegt werden; deckte sich dieser zufällig ziffernmässig genau mit dem Liquidationskurse, so wäre dies eben nur eine Identität der Zahlen; sie berechtigte aber keineswegs zu der Annahme, dass die Zwangsregulierung „zum Liquidationskurse" erfolgt sei.

eines Monats grosse Kursschwankungen in Folge schwerwiegender, innerhalb dieser Tage eintretender Ereignisse ergeben, welche einen grossen Unterschied zwischen dem am drittletzten Börsentage des Monats festgestellten „Liquidationskurse" und dem am letzten Tage des Monats festgestellten „Börsenpreise der Lieferungszeit" zur Folge haben dürften. Selbstverständlich aber bleibt demjenigen Spekulanten, welcher einen Effektenbetrag „per Ultimo des Monats fix" gekauft hat, die Möglichkeit offen, diese Effekten erst am „Ultimo", also dem letzten Börsentage des Monats, in natura beziehen und, wenn er sie nicht weiter behalten will, die bezogenen Effekten noch sofort an demselben Tage, dem „Ultimo", zum Börsenpreise dieses Tages per Kassa verkaufen zu lassen, um auf diese Weise seine Spekulation noch am Ultimo abzuschliessen: er kann also, ohne eine Prolongation seines Engagements vorzunehmen, von den Kurschancen nicht nur bis zu dem Tage der Feststellung des Liquidationskurses, sondern darüber hinaus bis zu dem Tage der Feststellung des „Börsenpreises der Lieferungszeit" noch profitieren.

Die Feststellung des Liquidationskurses erfolgt eben ausschliesslich im Interesse der Skontration und der Reportierungen, er ist kein „Tageskurs", überhaupt kein Börsen- oder Handelspreis für selbständige Spekulationsgeschäfte, sondern er ist nichts weiter, als ein von dem Börsenvorstande bestimmter Verrechnungsfaktor, zu dem niemals ein selbständiges spekulatives Kauf- oder Verkaufsgeschäft zustande kommen kann. Er hat deshalb für den definitiven Ausgang der „Handelsoperation", also für den Spekulanten nicht das mindeste Interesse. Durch ihn wird nur die Skontration[1]) vereinfacht oder überhaupt erst voll ermöglicht, und diesem Zwecke dient er vornehmlich. Er wickelt nichts ab, er erfüllt nichts, er schafft nur Zwischenverrechnungen.

Geheime Nebenverabredungen.

Die Theorie aber will das noch immer nicht einsehen. Ihr erscheinen immer noch die Börsenleute als eine Sekte Geheimbündler, die stillschweigend bindende Nebenverabredungen über fingierte Gegengeschäfte „zum Liquidationskurse" treffen,

---

[1]) Vergl Anlage 2

welche sie konsequent in ihren Geschäftsverträgen verschweigen. Wenn man der Theorie Glauben schenken will, so müssten Verschweigen und „Simulieren“ integrierende Teile des Börsenmetiers sein, und die Börsenleute müssten eine solche Gewandtheit darin besitzen, daß sie ständig solche geheimen Nebenverabredungen treffen, selbst in Gegenwart des Staatskommissars, vor dessen Augen sich doch der gesamte Börsenverkehr Tag ein, Tag aus abwickelt.

Wir wissen, dass Gareis (IV 2. Absatz) aus dem Orte des Geschäftsabschlusses, der Börse, die regelmäßige Nebenverabredung herleitet, dass „es so gehalten werden soll, wie wenn ein Zeitgeschäft in entgegengesetzter Richtung von dem einen und von dem anderen Kontrahenten neben dem ausdrücklich vereinbarten Kaufe abgeschlossen worden wäre.“ Dieser Satz bezieht sich ersichtlich nicht auf den wirklichen Realisationsverkauf, wie er wohl zur Vollendung einer spekulativen Handelsoperation späterhin erfolgt, sonst müßte es ja in jenem Satze heissen: abgeschlossen werden würde, nicht: worden wäre.

Das juristische Wesen des Differenzgeschäftes

Nein, Gareis glaubt vielmehr, dass schon im Momente des tatsächlichen Abschlusses des Spekulationskaufes neben dem ausdrücklich vereinbarten Kaufe sofort stillschweigend ein fingiertes Gegengeschäft zur Abwickelung der Handelsoperation verabredet werde. Wie sich die Theorie dies denkt, erläutert Gareis in einer Anmerkung, welche sich in der 3. Auflage seines Lehrbuches (S. 435) findet. Sie lautet:

„Beispiel: A. kauft von B. ein Wertpapier, lieferbar am Ultimo, zum Kurse von 90. Die implizite erklärte Nebenberedung lässt sich so auffassen, als ob A. dem B. sagte: „ich verkaufe Dir aber am nämlichen Ultimo dasselbe Papier wieder und zwar zum Kurse des Ultimo“ und als ob B. dem A. sagte: „ich kaufe Dir aber dasselbe Papier am nämlichen Ultimo wieder ab, und zwar zum Kurse des Ultimo“. Hat sich nun am Ultimo der Kurs auf 92 gehoben, so hat A. dem B. aus dem ausdrücklich erklärten Geschäfte 90, aus dem implicite erklärten Geschäfte aber B. dem A. 92 zu zahlen — folglich erhält A. 2. — — — Das hiermit skizzierte juristische Wesen des Differenzgeschäftes wird tatsächlich verschleiert, aber nicht umgeändert durch den Mechanismus der sog. „Börsenliquidation“ d. i. eines gleichzeitigen „Arrangements der verschiedenen gleichzeitig fälligen Differenzgeschäfte mittels Substituierungen der einzelnen Käufer und Verkäufer und mittels Skontration (Abgleichung) der entsprechend dem Kompensationskurse („Liquidationskurse“) abgerundeten Preise.“

Selbstverständlich ist diese ganze Schilderung der Wirklichkeit fremd, und es bleibt unbegreiflich, wie bei den Theoretikern eine so missverständliche Beurteilung der geschäftlichen Vorgänge Platz greifen konnte. Begreiflich aber wird, wenn man diese missverständliche Auffassung erst einmal als Basis für die Beurteilung von Börsengeschäften auf Zeit acceptiert hat, alles, was Gesetzgebung und Judikatur auf Grund dieser falschen Vorstellung gegen die Börse gesündigt haben.

Der Vorgang, den Gareis schildert, ist das reine Spiel, und es heisst die gesamten Mitglieder unserer offiziellen wirtschaftlichen Korporationen und Handelskammern, welche übereinstimmend die Revision der Börsengesetzgebung fordern, für Narren und Toren erklären, wenn man ihnen den Gedanken unterstellt, dass sie sich für „Geschäfte“, wie die von Gareis hier skizzierten, ins Zeug legen würden. Für den Schutz von „Geschäften“, bei denen die von Gareis behauptete Nebenverabredung wirklich stattgefunden haben sollte, rührte sich keines anständigen Kaufmanns Hand: wenn solche „Geschäfte“ rechtlich den Konsequenzen des Spiels verfallen, so ereilt sie nur ihr verdientes Schicksal. Und wenn von den Juristen tatsächlich nur das, was Gareis hier schildert, als Differenzgeschäft behandelt würde, so würde der praktische Kaufmann über dieses „hiermit skizzierte juristische Wesen des Differenzgeschäftes“ zwar lächeln, aber er würde sich über diese weltfremde Konstruktion wahrlich nicht erregen.

Gewiss, wer an solche „Geschäfte“ glaubt, muss zu den Folgerungen kommen, dass bei börsenmässigen Spekulationsgeschäften sich — wie Kohler[1]) es ausdrückt, — „beide Teile im Kreise bewegen“ (S. 33), dass sie nur „trudeln“ (S. 36), dass diese Operationen Güterbewegungen nicht erzeugen und dass es „mit der Ware beim alten bleibt“ (S. 31). Glaubt

Aus Kohler „Börsenspiel“

[1]) Kohler: Das Börsenspiel. 1894.

man — wie Kohler (S. 29), ähnlich der Auffassung von Gareis, sich weiter ausdrückt — an Geschäfte, „wo immer der Verkauf den Kauf wieder aufhebt", wo „auf den nämlichen Termin geliefert und die Lieferung zurückgeliefert werden soll", so werden alle Konsequenzen, welche die Theorie aus diesem Glauben gezogen hat, erklärlich. Nur ist leider der Glaube ein falscher. Jene von Gareis behauptete Nebenverabredung des Gegengeschäftes zum Preise des Ultimo existiert nun und nimmer bei Börsengeschäften; sie gehört ins Bereich der Fabel und sie wird sich auch da, wo schliesslich als Resultat der Handelsoperation nur eine Differenzzahlung übrig bleibt, nicht erweisen lassen, — nicht etwa, weil sie geheim sein soll, sondern weil sie eben in Wirklichkeit niemals existiert. Wer im Börsenverkehre etwas kauft, hat für die Abnahme und Bezahlung aufzukommen; davon kann ihn keine Macht der Welt, am wenigsten aber eine geheime Nebenverabredung befreien. Wenn A. an B. verkauft und später der Käufer B. an C. auf den gleichen Termin weiterverkauft, so kann zwar B. seine Abnahme- und Lieferungsverpflichtung durch Überweisung der Ware von A. an C. kompensieren, aber deshalb bleibt am Lieferungstage weder die von A. verkaufte Ware unabgenommen bei A. liegen, noch bleibt C. von der Abnahme und Bezahlung der durch B. erworbenen Ware entbunden, die Ware geht vielmehr von A. an C., die Güterbewegung findet statt und zwar auf dem Umwege über B. Aber auch Kohler gibt (S. 14) zu, dass „zumeist erst auf verschiedenen Umwegen die Sache zum Konsumenten kommt", dass „die Güterbewegung nicht immer die nächsten Wege wählen" kann und dass auch „der Erwerber der Zwischenzeit, obgleich er die Ware vielleicht niemals gesehen hat, Erwerber war".

Wie aber stände es in unserem Beispiel, wenn die Gareissche Theorie von der geheimen Nebenverabredung eines Gegengeschäftes zuträfe? Dann hätte

A. an B.	offen	verkauft und	gleichzeitig	geheim	zurückgekauft,
B. von A.	„	gekauft u.	„	„	zurückverkauft,
B. an C.	„	verkauft u.	„	„	zurückgekauft,
C. von B.	„	gekauft u.	„	„	zurückverkauft.

Daraus ergäben sich 4 Differenzen, die Ware aber bliebe bei A. im Kasten liegen und C., als der dem A. von B. überwiesene Käufer, würde sie nicht abnehmen.

Nach solcher Vorstellung müssten sich die riesigen Effektenbeträge, welche von den Emittenten mit Hilfe des Terminhandels tatsächlich abgestossen werden, noch immer im Besitze der Emittenten befinden! —

Und jenes von Gareis skizzierte Wesen des Differenzgeschäftes würde, wie er behauptet, „tatsächlich verschleiert, aber nicht umgeändert durch den Mechanismus der sog. Börsenliquidation". Allerdings, das Wesen des Geschäftes wird durch die Technik der Ultimoliquidation nicht umgeändert, aber „verschleiert" wird es durch dieselbe noch weniger. Denn gerade die richtig verstandenen Vorgänge bei der Skontrierung beleuchten das wahre Wesen des Geschäftes und zeigen das Verfehlte der oben besprochenen Differenztheorie am besten.

Die Skontrierung.

Zwar wird auch, wie schon S. 18 hervorgehoben, das einseitige Kauf- oder Verkaufsgeschäft als selbständiges Ganze im Börsenverkehre mittelst Skontration zur Abwickelung gebracht, indem der Vertragspreis zerlegt wird in den Liquidationskurs plus oder minus der sich alsdann ergebenden Differenz gegenüber dem Vertragspreise; aber mit der Zahlung dieser Differenz allein ist die „Abwickelung" des Geschäftes nicht erfolgt, vielmehr bleibt dann noch die Hauptverpflichtung zur Abnahme der gekauften oder Lieferung der verkauften Effekten übrig und diese Verpflichtung kann nur dann, statt in natura, im Wege der Kompensation erfüllt werden, wenn ein wirkliches Gegengeschäft vorliegt, das in der gleichen Weise selbständig im Wege der Skontration zur Abwickelung gelangt; in diesem Falle ergibt sich für jedes der beiden gegenüberstehenden Geschäfte eine Differenz gegenüber dem Liquidationskurse, während die Verpflichtung zur Abnahme der Effekten zum Liquidationskurse sich mit der Verpflichtung zur Lieferung der Effekten zum Liquidationskurse kompensiert. Immer aber hat eine solche Kompensation der Warenverpflichtungen die Existenz eines wirklichen Gegengeschäftes zur unbedingten Voraussetzung, nicht aber ein fingiertes Gegengeschäft, das einfach zum Liquidationskurse in die Rechnung als Gegenposten zwecks Aufhebung der Abnahme- oder Lieferungsverpflichtung eingestellt werden könnte.

Man stelle sich einmal vor, dass in einem selten gehandelten Effekt im Laufe eines Monats nur ein Geschäftsabschluss stattgefunden hätte: A. hat an B. eine bestimmte Effektensumme zu 90 per ultimo verkauft und in der Ultimoliquidation wird der Liquidationskurs auf 92 festgesetzt. Wie sehen dann die zwei von den beiden Kontrahenten beim Liquidationsvereine einzureichenden Skontrobogen aus? A. bekennt sich auf dem seinigen zur Lieferung der Effekten an B., und B. bekennt sich auf dem seinigen zur Abnahme der Effekten von A. Nunmehr erfolgt Abnahme und Lieferung der Effekten zum Liquidationskurse (92) und separate Verrechnung der Differenz zwischen Liquidationskurs (92) und Vertragspreis (90). Nach der Vorstellung der Theorie wären die Geschäfte mit der Differenzzahlung von A. an B. allein abgewickelt, und die Abnahme- resp. Lieferungsverpflichtungen fielen ins Wasser, da sie ja durch die angeblichen fingierten Gegengeschäfte kompensiert werden würden.

Nichts falscher als diese Annahme! Vielmehr muss A. liefern und erhält den Geldwert (zum Liquidationskurs), B. muss beziehen und zahlt den Geldwert (zum Liquidationskurs), die Effekten wandern also von A. in dem Besitz des B., was nicht der Fall wäre, wenn die geheime Nebenverabredung zwischen A. und B. bezüglich der fingierten Nebengeschäfte existiert hätte. Der Liquidationskurs aber erscheint hier klar als nichts weiter, als ein Verrechnungsfaktor, der er auch ausschliesslich ist. Auch ohne ihn wäre das Geschäft direkt abzuwickeln gewesen, indem A. an B ohne Vermittelung des Liquidationsvereines und des Liquidationskurses direkt einfach zum Vertragspreise hätte liefern können: dann wäre die Differenzzahlung des A. an B. unterblieben, weil der Käufer B. die Effekten nicht zu dem höheren Liquidationskurse (92) abgenommen und daher die Differenz gegen den Vertragspreis (90) von dem Verkäufer A. nicht hätte zurückvergütet erhalten müssen.

Angesichts dieser Sachlage ist es daher durchaus unzutreffend, wenn Gareis (V.) behauptet, dass „die Bildung und Verwendung des Durchschnittspreises -- Kompensations- oder

Liquidationskurses — eine der Hauptfunktionen der Börse“ sei. Es fehlt dieser Behauptung ebenso jede Berechtigung, wie derjenigen Cosacks, (II), dass „der Zweck des Terminhandels“, dessen Wesen angeblich in der Erleichterung der Umgehung der Effektivverfüllung und in deren Ersatz durch Differenzzahlung besteht, „im Wege der — Skontration erreicht“ werde.

Mit demselben Recht, mit dem man die Bildung (?) und Verwendung des Liquidationskurses für eine der Hauptfunktionen der Börse erklärt, könnte man etwa das — Turnen für eine der Hauptfunktionen des menschlichen Körpers erklären: es macht den Körper geschmeidig und elastisch, wie der Liquidationskurs den Terminhandel, aber eine Funktion des menschlichen resp. des Börsenorganismus ist weder das eine noch der andere. Das lässt sich gar nicht besser erweisen, als dadurch, dass an kleineren Börsenplätzen es an der Feststellung von Liquidationskursen und an Einrichtungen zur Skontration sehr lange gefehlt hat, obwohl der Terminhandel durchaus florierte. So wurden beispielsweise in Hannover in den 80 er Jahren grosse Posten Textil- und Zucker-Aktien im Zeitverkehre umgesetzt, und erst gegen Ende der 80 er Jahre zeigten sich dort die Anfänge einer Skontration; bis dahin wurde jedes Zeitgeschäft in natura durch Abnahme der Ware und Bezahlung des Kaufgeldes abgewickelt, resp. erfüllt.

Wenn es wahr wäre, dass der „Zweck des Terminhandels im Wege der Skontration erreicht“ würde, dann wäre dessen wirtschaftliche Berechtigung allerdings nicht abzusehen: die Skontration erleichtert den Verkehr im Terminhandel, wie etwa die Strassenbahn den Verkehr in der Grossstadt, aber schliesslich würde die Grossstadt ihren Zweck — vielleicht etwas schwerfälliger — auch ohne Strassenbahn erreichen können, wie der Terminhandel den seinen ohne Skontration! Einige Dutzend Kassendiener, einige hundert Bureaubeamte mehr in Berlin und etwas grössere Kassenbestände am Ultimo, — und Liquidationskurs und Skontration würden auch hier wieder entbehrlich sein. Und die Börse wird sich, wenn die Verkennung der mechanischen Vorgänge bei der Ultimoliquidation und die daraus resultierende gewaltige Schädigung weiter anhält, ernstlich die Frage vorlegen müssen, ob sie die zweifellos grossen betriebstechnischen Vorteile, welche mit der jetzigen Form der Ultimoliquidation, mit Liquidationskurs und Skontrierung, verbunden sind, nicht doch zu teuer bezahle. Sie würde alsdann auf die Feststellung von Liquidationskursen verzichten müssen und die Lieferung der am Ultimo fälligen Effektenposten nach Art der Tages- und Kassalieferungen, unter ausgedehnter Benutzung des Checkverkehrs, zu organisieren versuchen müssen. Es wäre allerdings in hohem Grade beschämend, wenn gerade im „Lande der Denker" der Kaufmann die Benutzung entwickelter handelstechnischer Einrichtungen nur deshalb aufgeben müsste, weil das Verständnis für dieselben dem Laien nicht aufgehen will —

Die Prolongation

Den falschen Vorstellungen über die Bedeutung des Börsenpreises der Lieferungszeit, resp des Liquidationskurses, — die Theorie wirft, wie wir wissen, diese beiden verschiedenen Begriffe durcheinander. — begegnen wir folgerichtig auch wieder in den Lehrbüchern bei den Erörterungen über die Prolongation, resp. Reportierung Hier sagt Dernburg a. a. O Seite 22/23 „Mittels dieses (Report-)Geschäftes kann ein Spekulant auf Hausse, welcher Zeitkäufe abgeschlossen hat, um am Lieferungstage mit Gewinn zu verkaufen, im Falle ungünstiger Konjunktur am Lieferungstage die Spekulation fortsetzen — — — Die Spekulation des Reportierten (Anm Bezeichnung für den Spekulanten) ist gelungen, wenn die Effekten am Lieferungstage höher stehen, als der Betrag dessen, was er dem Reporteur zu leisten hat " Ebenso heisst es dann weiter von dem „am Lieferungstage in seinen Erwartungen der Baisse getäuschten" Spekulanten, der die Baissespekulation fortsetzen will „Steht dann der Preis am (nächsten) Lieferungstage noch tiefer, so ist dem Baissespekulanten die Prolongation von Nutzen gewesen "

In der gleichen Weise behauptet Cosack (S. 361) von den prolongierten Engagements.

> „Ihre (d. h der Prolongierenden) Spekulation besteht also jetzt darin, dass der Preis des nächsten Ultimo günstiger für sie ist."

Auch diese Behauptungen sind unzutreffend, denn den Spekulanten, welcher sein Engagement prolongiert hat, interessiert der Preis des nächsten Ultimo für den definitiven Ausgang der Spekulation ebensowenig, wie der des vorangegangenen, ihn interessiert nur der Tageskurs beim Abschluss des Gegengeschäftes. Denken wir uns für ein Spekulationspapier

den Tageskurs am 12. Januar 98%,
den Liquidationskurs am 29. Januar 97%,
den Börsenpreis der Lieferungszeit am ultimo (31.) Januar 96%,
den Tageskurs am 3. Februar 100%,
den Liquidationskurs am 26. Februar 94%,
den Börsenpreis der Lieferungszeit am ultimo (28.) Februar 95%,

so kann der Käufer vom 12. Januar (à 98%), der am Ultimo Januar auf den Ultimo Februar prolongiert hat, schon am 3. Februar à 100%, also mit 2% definitiven Nutzen gegen den Ankaufspreis realisieren und der niedrige Kurs am Ultimo Februar bleibt für ihn gänzlich belanglos, da er dann längst aus der Spekulation heraus ist.

Report- und Deportsätze.

Auch die Vorstellungen über die Feststellung der Report- und Deportsätze bedürfen der Richtigstellung. Cosack sagt Seite 361:

„Ob Report oder Deport vorhanden, und wie hoch er ist, wird durch Angebot und Nachfrage bestimmt; mit dafür entscheidend ist, ob die Hausse- oder Baissepartei der Börse überwiegt, weil meistens nur die erstere zur Bewilligung von Reports, nur die letztere von Deports geneigt ist."

Tatsächlich jedoch hängt die Feststellung der Sätze nicht von der „Geneigtheit" des Haussiers und Baissiers ab, diese Sätze regeln sich vielmehr auf einer ganz anderen, klaren Basis. Diese Basis sind die feststehenden Stückzinsen der Effekten in ihrem Verhältnis zur variablen Leihrate des Geldes; genügen die ersteren nach Massgabe der jeweils herrschenden Leihsätze für Geld nicht als Zinsentschädigung für den Gelddarleiher, so bildet der demselben zu gewährende Zuschlag zu den Stückzinsen den Reportsatz; im umgekehrten Falle entsteht bei niedrig stehenden Effekten aus dem Abschlage gegen die zu hohen Stückzinsen der Deport. Nur in irregulären Fällen, also bei Stückemangel oder Geldmangel findet eine Verschiebung der auf dieser Basis berechneten Sätze nach der einen resp. anderen Richtung hin statt.

Den Zinsgewinn, den der Reporteur aus den erwähnten weiterlaufenden Stückzinsen der hereingenommenen Effekten — wenigstens in Deutschland und Österreich — zieht, lässt Cosack in einem auf Seite 360 gegebenen Zahlenbeispiel ausser acht. Er bezeichnet hier nur „den Report von $^1/_2$ %“ als „sicheren Gewinn des Hereinnehmers“ und meint, dass dieser Report von $^1/_2$ % p. Monat bei einem 100 % notierenden Papiere einem Geldzins von 6 % entspräche; das träfe nur dann zu, wenn auch bei uns, wie in Frankreich und England, franko Zinsen gehandelt würde. In Deutschland erhält der Reporteur auch die zumeist 4prozentigen Stückzinsen[1]) für die Reportierungsperiode vorweg. Er würde also in Cosacks Beispiel für sein Geld neben den 6 % p. a. aus dem $^1/_2$ % Report p. Monat noch weitere 4 % Stückzinsen erhalten, d. h. zusammen 10 %; soll er nur im ganzen 6 % Leihgeldzinsen empfangen, so würde der Reportsatz 6 % — 4 % Stückzinsen = 2 % Report p. a. = $^1/_6$ % Report p. Monat ausmachen. Soll für den Reporteur der Satz für Leihgeld 6 % p. a. betragen und der Reportsatz $^1/_2$ % p. Monat sein, so müsste das zu reportierende Papier 166 $^2/_3$ % im Kurse stehen; diese 166 $^2/_3$ % à 6 % verzinst, bringen 10 Mk. p. a., wovon 4 Mk. durch die Stückzinsen und 6 Mk. durch den Reportsatz von $^1/_2$ % p. Monat gedeckt würden.

Infolge des Weiterlaufens der Stückzinsen zu Gunsten des Hereinnehmers, Reporteurs, welches im deutschen und österreichischen Effektenverkehre allgemein üblich ist, lässt sich auch die Ansicht Grünhuts in Endemanns Handbuch (Band 3 Seite 28) nicht unumschränkt aufrecht erhalten, dass

---

[1]) Über die Stückzinsenberechnung bei Aktien sagt Cosack (Seite 608): Der Käufer „zahlt für den Dividendenschein des Vorjahres, wenn dieser mitgeliefert wird, keine Vergütung; vielmehr ist die Vergütung dafür im Kurse mit einbegriffen“. Dies trifft nicht zu; vielmehr findet die Berechnung der usancemässigen Stückzinsen vom Beginn des abgelaufenen Geschäftsjahres ab statt, so lange der Dividendenschein für das Vorjahr mitzuliefern ist; letzteres ist in Deutschland der Fall bei ausländischen Dividendenpapieren und allen per ultimo gehandelten Werten.

„der Natur der Sache nach“ der Preis für den Kassakauf, weil bei ihm der Verkäufer sofort in den Genuss des Kaufgeldes tritt, niedriger sein werde, als der Preis für den Lieferungskauf. Diese Auffassung, die auch Dernburg (S. 23) teilt, träfe nur dann zu, wenn man unter „Preis“ den Gesamterlös aus Kurs plus Stückzinsen versteht. Denn es leuchtet ein, dass bei sehr niedrig stehenden Papieren der Fortbezug von 4% Stückzinsen auf den Nominalbetrag der Effekten (beim Lieferungsgeschäft bis zum Erfüllungstermin) wertvoller ist, als der frühere Empfang des Kaufgeldes (beim Kassageschäft). Daher wird bei niedrig stehenden Papieren der Kassapreis „der Natur der Sache nach“ höher sein, als der Terminpreis, und für diese Werte wird auch im Prolongationsgeschäfte der Deport sich durchaus nicht etwa, wie Grünhut und Dernburg allgemein annehmen, als eine Folge des sog. Stückemangels ergeben. Der reportierende Kapitalist, der beispielsweise Aktien der Österreichischen Südbahn (Lombarden) bei einem Kursstande von 20% hereinnimmt, würde in der Reportierungsperiode durch den Genuss der auf den Nominalbetrag auflaufenden 4%igen Stückzinsen für sein Gelddarlehen einen Zinsgewinn von 4 auf 20, also von 20% p. a. haben, wenn er nicht einen Teil dieses Zinsgewinnes in der Form von „Deport“ an den Hineingeber zurückvergüten müsste. Bei einem Geldzins von 6% würde also der Deport auf Lombarden: (4% Stückzinsen minus 1,20% Geldzinsen [6% p. a. auf 20% Kurswert] = 2,80% p. a. =) 23 1/3 cts. pro Monat betragen.

Daher trifft die Grünhut'sche Darstellung, als ob nur bei Report die Stückehereinnahme für den Kapitalisten und nur bei Deport die Stückehineingabe für den Effektenbesitzer raisonnabel sei, in dieser Allgemeinheit nicht zu. Bei niedrig stehenden Effekten wird ein entsprechender Deport den Kapitalisten nicht hindern, Stücke hereinzunehmen; er wird dabei doch sein Gelddarlehen genügend verzinst erhalten, und bei hochstehenden Effekten kann ein kleiner Report immer noch dem Besitzer der Effekten Anreiz bieten, Stücke hineinzugeben, weil hierbei für ihn als Geldempfänger der Zinsgenuss des Geldes während der Hineingabeperiode so wertvoll ist, dass er die Zahlung eines entsprechenden Reports als Zuschlag zu den mageren Stückzinsen gern an den Hereinnehmer der Effekten leisten kann. Weil also auch der Stückedarleiher, selbst bei Stückemangel, häufig Report zahlt und andererseits Deport, selbst bei Geldmangel, von dem Hereinnehmer häufig vergütet wird[1]) geht es auch nicht an, das Stückeverleihen seitens des Effektenbesitzers an den prolongierenden Baissier kurzweg als „Deportgeschäft" zu bezeichnen, wie dies Dernburg (S. 23) tut.

Auch Dernburgs Bezeichnung des Stückeleihers als des Reporteurs, — hierbei ist wohl an den Effektenbesitzer-Kapitalisten gedacht — wird man nicht als zutreffend erachten können: als Reporteur wird sinngemäss stets nur derjenige Kontrahent zu bezeichnen sein, der die Effekten hereinnimmt, reportiert; den hereingebenden Kontrahenten bezeichnet die Praxis nur als Hereingeber, Kostgeber. Ungebräuchlich in der Praxis, aber immerhin nicht falsch ist es daher auch, den bei der Prolongation Stücke hineingebenden Hausse-Spekulanten als den „Reportierten" zu bezeichnen; unzutreffend aber ist es mit dem letzteren Ausdruck, wie es Dernburg (S. 23) tut, auch den prolongierenden Baissier zu belegen; der Baissier ist, obwohl sein Motiv für die Hereinnahme von Stücken allerdings nicht Geldbelegung, sondern nur Stückebedarf ist, nicht der Reportierte, sondern der Reporteur, der Effekten in Kost nimmt. Aber auch wenn man einmal die theoretischen Ausdrücke Dernburgs für einen Moment acceptiert, also auch den prolongierenden Baissespekulanten als „Reportierten" und den Stückedarleiher als „Reporteur" bezeichnen mag, so bleibt trotzdem die Darstellung unverständlich, welche Dernburg von dem sein Engagement prolongierenden Baisse-Spekulanten

---

[1]) Beispiel: 1. Stückemangel in einem 200% notierenden Wertpapiere und Geldzins 6% p. a.; alsdann kann der Stückedarleiher immer noch etwa 0,10% Report p. Monat d. i. 1,20% p. a. zahlen; er verliert zwar ferner in der Leihperiode 4% Stückzinsen, zusammen also 5,20%, dagegen empfängt er aber den Geldwert — 200 —, der ihm demnach gegen 2,6% Zinsen zur Verfügung steht — gegenüber 6% Marktleihwert des Geldes.

2. Geldmangel: Geldzins 8% p. a. Die Hereinnahme von einem 20% notierenden Wertpapiere bedingt alsdann 0,20% Deport p. Monat = 2,40% p. a. Dagegen erhält der Reporteur 4% Stückzinsen, also Saldo: 1,60% Zinsen, die er für 20 Mk. geliehenes Geld (= Kurswert) erhält, = 8% p. a.

und seinem Verhältnis zum Stückedarleiher in dem nachfolgenden Satze (S. 23) gibt. Der Satz lautet:

„Der Spekulant — der Reportierte — erwirbt nämlich dann die Effekten, welche er zu liefern hat, von dem Reporteur, so dass dieser sie gegen Preiszahlung dem Verkäufer des Reportierten abliefert; gleichzeitig verkauft der Reporteur dem Reportierten die Effekten wieder auf Zeit um einen Preis, welcher niedriger ist als der Tageskurs, um den er sie kaufte — Deportgeschäft."

In diesem Satze ist rechter Hand, linker Hand alles vertauscht. Zunächst ist es wohl nicht nur im Effektenverkehre, sondern überhaupt unmöglich, einem Verkäufer Ware abzuliefern; abliefern kann man nur dem Käufer und dies tut auch der Stückedarleiher, bei Dernburg „Reporteur" genannt, indem er die hereingegebenen Stücke dem Käufer (nicht Verkäufer) des Baissespekulanten, bei Dernburg: des Reportierten, abliefert. Wie aber steht es mit dem gleichzeitig abzuschliessenden Gegengeschäfte auf den nächsten Ultimo? Es ist klar, dass durch dieses Gegengeschäft der Stückedarleiher die hergeliehenen Effekten zurückerhalten, also zurückkaufen, und der Baissespekulant sie zurückliefern, also dem Stückedarleiher wieder verkaufen muss. Nach Dernburg soll es umgekehrt sein; er sagt: „gleichzeitig verkauft der Reporteur (i. e. der Stückedarleiher) dem Reportierten (i. e. dem Baissespekulanten) die Effekten wieder auf Zeit". Nach diesem Modus wäre ja am nächsten Ultimo der Baissier plötzlich Stückebesitzer, also Haussier geworden! Ferner: wer um einen Preis verkauft, welcher niedriger ist, als der Kaufpreis, macht Schaden; der Reporteur-Stückedarleiher will aber das Leihgeld (Deport) verdienen, daher muss er niedriger zurückkaufen, als er vorher verkauft hat und nicht — wie Dernburg meint — niedriger verkaufen, als er gekauft hat. Jener Satz hätte also richtig zu lauten:

Der Baissespekulant —, der als Prolongierender zum Stückehereinnehmer, Reporteur, wird — erwirbt nämlich dann die Effekten, welche er zu liefern hat, von dem Stückedarleiher, so dass dieser sie gegen Preiszahlung dem Käufer des Baissespekulanten abliefert; gleichzeitig verkauft der Baissespekulant dem Stückedarleiher die Effekten wieder auf Zeit um einen

Preis, welcher niedriger ist, als der Tagespreis, um den er kaufte — Geschäft mit Deport (Leihgeld).

Gareis behandelt die Prolongationsgeschäfte ziemlich kurz und gibt keine Details; allerdings, wenn er Seite 551/52 sagt:

> „Bedarf jemand rasch einer bestimmten Gattung von Wertpapieren, so kauft er sie gegen bar („er nimmt sie zu Leihen") und verspricht sie (oder: ebenso viele derselben Gattung) in bestimmter Frist wieder (zurück) zu liefern; die Spekulation kann dabei eine à la Baisse-Spekulation sein, der Spekulant „fixt" alsdann spekulierend auf Deport, die Gegenpartei auf Report, „Steigen","

so muss ich zu meinem Bedauern gestehen, den Sinn des letzten Satzteils nicht erfasst zu haben.

Die Knobelei als Börsengeschäft.

Ähnlich, wenn auch nicht dem Sinne nach, so doch in anderer Hinsicht, geht es mir mit einem Satze Cosacks, mit welchem derselbe — Seite 364 — den Abschnitt über die „Geschäfte der Fondsbörse" und das Kapitel über den „Spieleinwand" gegen diese Geschäfte abschliesst. Der Satz lautet:

> „Es ist sehr wohl möglich, dass im Einzelfall sogar ein Kassageschäft nach den allgemeinen Normen des bürgerlichen Rechts ein Spiel oder eine Wette darstellt Beispiel: A. verkauft an B. einen preussischen $3^1/_2$ $^0/_0$ Konsol zu 1000 Mark, sofort zu liefern und zu bezahlen, und bestimmt den Kaufpreis, je nachdem die Würfel fallen oder je nachdem er mit einer von ihm aufgestellten Behauptung recht oder unrecht hat, entweder 1 $^0/_0$ über oder 1 $^0/_0$ unter dem Tageskurse".

Ich begreife nicht recht, was ein derartiger Vorgang, eine derartige „Knobelei", mit Börsengeschäften gemein haben soll, so dass der Passus in diesem, die „Geschäfte der Fondsbörse" behandelnden Abschnitte des Lehrbuches Aufnahme finden und ihn abschliessen konnte.

Diese Würfelspielszene passt an diese Stelle ungefähr ebensogut, wie die gesetzliche Vorschrift für den Bankier zur Erteilung jährlicher Rechnungsauszüge an Personen, die nicht ins Handelsregister eingetragen sind, in die Novelle zum — Wuchergesetz vom 19. Juni 1893 passt, wohin sie der Gesetzgeber bekanntlich gestellt hat.

Bezeichnend für die aus dem Börsengesetze entstandene Verwirrung, ist noch das folgende Beispiel:

Gareis sagt Seite 569 von den sog. „Differenzgeschäften":

Das Differenzgeschäft mit Effektiverfüllung.

> „Es kann sein, dass die Effektiverfüllung nicht durch den Vertrag ausgeschlossen ist und doch gespielt wird, dass mit anderen Worten die Effektiverfüllung und eine Differenzenzahlung, wie sie B.G.B. § 764 im Auge hat, gewollt ist; und folglich wären Fälle denkbar, in denen der § 69 des Börsengesetzes die registrierten Börsenspekulanten nicht gegen die Spieleinrede des § 764 B.G.B. schützt."

Man beachte: Der Unterstellung, dass die Effektiverfüllung umgangen werde, verdankt der Begriff des Differenzgeschäftes seine Entstehung; § 764 B.G.B. legt ihn gesetzgeberisch fest und § 69 Börsengesetzes schützt registrierte Personen nur gegen den Einwand des Ausschlusses der Effektivlieferung; daher lässt sich ja notfalls vielleicht der angebliche Spielcharakter aus anderen Umständen konstruieren, das Börsenregister verliert alsdann seine Rechtswirkung, § 764 B.G.B. greift trotz der Eintragung der Parteien ins Börsenregister wieder Platz, und auflebt — selbst unter registrierten Personen — das Differenzgeschäft mit Effektiverfüllung!

Schlussbetrachtung.

Solch' wunderliche Blüten treibt eben schliesslich eine Gesetzgebung, der das wichtigste Fundament mangelt: die richtige Erkenntnis und das volle Verständnis für die grundlegenden Vorgänge der geschäftlichen Praxis. In dieser Hinsicht sind aber leider, wie wir gesehen haben, auch die angesehensten juristischen Lehrbücher von Missverständnissen nicht frei.

Gerade in solchen Punkten, auf welche es für die Beurteilung des Charakters der Börsengeschäfte wesentlich ankommt, haben sich jene Rechtslehrer Vorstellungen zu eigen gemacht, die dem wirklichen Tatbestand durchaus nicht entsprechen. Aus diesen irrigen Vorstellungen erklärt es sich aber, dass nicht nur sie selbst leicht geneigt sind, an den vermeintlichen Spielcharakter der Börsengeschäfte zu glauben, sondern dass sich naturgemäss diese, ihre Ansicht auch der ganzen Art ihrer Darstellung aufprägt. Das erscheint um so bedauerlicher, je höher man den Einfluss und die Bedeutung jener Lehrbücher wertet. Denn der in Börsengeschäften unbewanderte Laie, sei er Jurist, Nationalökonom oder Parlamentarier, welcher hier, an den vornehmsten Quellen Belehrung sucht, nimmt die ihm gebotene Darstellung für zutreffend an und gelangt schliesslich, da er für die eigene Prüfung auf die gleichen Voraussetzungen angewiesen bleibt, zu den gleichen Schlüssen; vielleicht aber acceptiert er auch im Hinblick auf die Autorität jener Lehrbücher das hier gefällte Urteil ohne jede selbständige Nachprüfung.

So erweist sich der Schaden, welcher dem Bankgewerbe aus jenen mit der Geschäftspraxis nicht zu vereinenden, juristischen Lehrmeinungen erwächst, als ein sehr bedeutender und es erscheint dringend geboten, auf eine sachgemässe Wiedergabe des Tatbestandes in den Lehrbüchern hinzuwirken. Missverständliche theoretische Auffassungen haben die moderne Börsengesetzgebung und Judikatur aufziehen geholfen, richtige theoretische Auffassungen werden ihre Beseitigung fördern.

Anlage 1.

Kurse der Berliner Börse am 26. u. 28. Februar 1903.

	am 26. Februar 1903			am 28. Februar 1903.
	Liquidationskurs	Tagesnotirungen p. ulto. Februar	demnach Tages-Durchschnittspreis p. ulto. Februar	Börsenpreis der Lieferzeit. (Kassakurs.)
Oesterreich. Credit	217.50	217.40—50—16.70	217.10	—
Diskonto-Kommandit . . .	196	196—6.30—5.25	195.775	194.60
Berliner Handels-Ges. . .	160	160—60.10—59.25	159.675	159.40
Darmstädter Bank	141.50	141.50—2—1.40—1.50	141.70	141.80
Deutsche Bank	216.25	216.40—20—60—10	216.35	216.10
Dresdner Bank	149.50	149.50—90—149—9.10	149.45	149
A. Schaaffhaus. Bankv. .	121.50	121.50	121.50	121.50
Nationalbank	119.50	119.40—60	119.50	119.50
Russ. Bank f. ausw. H. .	136.25	136.25—10—137—6.75	136.55	137
Franzosen	149	149—8.70	148.85	—
Lombarden	15.50	15.40	15.40	15.30
Gotthardbahn	181.75	181.60—2.75—50	182.175	—
Ital. Meridionalb.	138.25	138.25	138.25	—
Ital. Mittelmeerb.	91.50	91.50—75	91.625	91.50
Princ Henry	107.25	107.40—80	107.60	108
Warschau-Wiener	187.75	187.75—90	187.825	187.75
Anatolier	99.25	99.25—75—50—60	99.50	99.25
Canada	135.75	135.90—60—75—40	135.65	134.90
Transvaalb.	169.50	169.10—60—25	169.35	170.75
Dortm.-Gronauer	199.50	—	—	—
Lübeck-Büchener	155.—	—	—	—
Marienbg.-Mlawka	73.—	73	73	—
Ostpreuss. Südbahn	83.50	83.60—84—83.80	83.80	83.80
3 % Deutsche Reichsanl. .	93.25	93.25—30	93.275	93.30
3 % Preuss. Konsols . . .	93.25	93.25—30	93.275	93.30
Italiener	103.75	—	—	103.60
Spanier	92	91.90—92	91.95	—
C-Türken	32.50	32.55—50—55	32.525	32.30
D-Türken	30.30	30.35—20	30.275	30
Türkenloose	132.50	132.50—10	132.30	129.50
4½ % Chinesen	93.10	93.10	93.10	93.20
6 % Buenos Papieranl. .	42	41.90—75	41.825	41.90
Dynamit-Trust	169	169—8.50—80	168.75	171
Hamburg. Packetfahrt . .	105.50	105.40—75—60	105.575	106
Norddeutsche Lloyd . . .	97.50	97.60—40—50	97.50	98.10
Gr. Berlin. Strassenb. . .	203.25	202.50—4.25—3.25—4.50	203.50	203.70

Anlage 2.

Darstellung ei

Aus den Satzungen des Liquidationsvereins für Zeitgeschäfte an der Berliner Fonds-Börse

§ 1.

Der Liquidations-Verein für Zeitgeschäfte an der Berliner Fonds-Börse hat den Zweck, das Liquidationsgeschäft an den Stichtagen der Berliner Fonds-Börse dadurch zu erleichtern und zu beschleunigen, dass sämtliche Mitglieder die Skontrierung und Regulierung ihrer per ultimo eines jeden Monats gemachten Geschäfte, jedoch nur in denjenigen Wertpapieren, in denen hauptsächlich an der Berliner Fonds-Börse Zeitgeschäfte stattfinden, und welche der Vorstand des Vereins bezeichnet, durch ein zu errichtendes Liquidations-Bureau bewirken lassen.

§ 4.

Zur Erreichung des Vereins-Zweckes ist jedes Mitglied, auch wenn es per Saldo keine Wertpapiere abzunehmen oder zu liefern hat, verpflichtet, einen Saldo-Auszug (Skontro) seiner mit den Mitgliedern des Vereins in den betreffenden Wertpapieren per ultimo des laufenden Monats gemachten Geschäfte dem Bureau einzureichen, und zwar stets an dem, dem jedesmaligen Prämien-Erklärungstage nächstfolgenden Börsentage zu der vom Vorstande bezw. dem Bureau zu bestimmenden Zeit.

§ 6.

Die Lieferung erfolgt zum Liquidations-Kurse. Die Differenz zwischen diesem und dem vereinbarten Kurse ist zwischen den Kontrahenten direkt zu ordnen.

Aus dem Reglement des Liquidations-Bureaus.

§ 6.

In jedem der Skontrobogen ist nur der Saldo, den ein Mitglied mit einem anderen Mitgliede in dem betreffenden Effekte hat, in die für jedes Mitglied bestimmte Linie einzutragen, und zwar dergestalt, dass, wenn der Saldo zu beziehen, die Eintragung links und wenn derselbe zu liefern ist, die Eintragung rechts erfolgt.

§ 7.

Auch wenn ein Mitglied von einem Effekt per Saldo weder Stücke abzunehmen noch zu liefern hat, ist dasselbe, falls es in dem betreffenden Effekt überhaupt Engagements gehabt hat, doch verpflichtet das betreffende Skontro einzureichen.

26. Februar 19

Firma: *Bank für Handel & Industrie.*

Norddeutsche Lloyd-Aktien.

Mille Von:	
	Bank für Handel & Industrie
30	Berliner Handels-Gesellschaft
90	S. Bleichröder
	Deutsche Bank
	Direktion der Diskonto-Gesellschaft
15	Dresdner Bank
	Mendelssohn & Co.
	Nationalbank für Deutschland
	A. Schaaffhausen'scher Bankverein
30	Robert Warschauer & Co.
165	

Saldo:

zu empfangen: *Mk. 60,*

zu liefern: — —

26. Februar 1903

Firma: *Deutsche Bank.*

Norddeutsche Lloyd-Aktien.

Mille Von:		Mille An:
	Bank für Handel & Industrie	
	Berliner Handels-Gesellschaft	*15*
15	S. Bleichröder	

26. Februar 19

Firma: *Direktion der Diskonto-Gesellschaft*

Norddeutsche Lloyd-Aktien.

Mille Von:	
60	Bank für Handel & Industrie
15	Berliner Handels-Gesellschaft
	S. Bleichröder

Skontrierung.

26. Februar 1903

ma: *Berliner Handels-Gesellschaft.*

Norddeutsche Lloyd-Aktien.

	Mille An:
Bank für Handel & Industrie	*30*
Berliner Handels-Gesellschaft	
S. Bleichröder	*60*
Deutsche Bank	
Direktion der Diskonto-Gesellschaft	*15*
Dresdner Bank	
Mendelssohn & Co.	*15*
Nationalbank für Deutschland	
A. Schaaffhausen'scher Bankverein	
Robert Warschauer & Co.	
	120

Saldo:

zu empfangen: — —

zu liefern: *Mk. 45.000*

26. Februar 1903

Firma: *S. Bleichröder.*

Norddeutsche Lloyd-Aktien.

Mille Von:		Mille An:
	Bank für Handel & Industrie	*90*
60	Berliner Handels-Gesellschaft	
	S. Bleichröder	
	Deutsche Bank	*45*
90	Direktion der Diskonto-Gesellschaft	
	Dresdner Bank	*30*
	Mendelssohn & Co.	*15*
	Nationalbank für Deutschland	*75*
	A. Schaaffhausen'scher Bankverein	
30	Robert Warschauer & Co.	
180		*255*

Saldo:

zu empfangen: — —

zu liefern: *Mk. 75.000*

26. Februar 1903

ma: *Dresdner Bank.*

Norddeutsche Lloyd-Aktien.

	Mille An:
Bank für Handel & Industrie	*15*
Berliner Handels-Gesellschaft	
S. Bleichröder	

26. Februar 1903

Firma: *Mendelssohn & Co.*

Norddeutsche Lloyd-Aktien.

Mille Von:		Mille An:
	Bank für Handel & Industrie	
15	Berliner Handels-Gesellschaft	
15	S. Bleichröder	

	Deutsche Bank	
120	Direktion der Diskonto-Gesellschaft	
	Dresdner Bank	375
	Mendelssohn & Co.	
	Nationalbank für Deutschland	
	A. Schaaffhausen'scher Bankverein	60
15	Robert Warschauer & Co.	
180		480

Saldo:

zu empfangen: —

zu liefern: *Mk. 300,000*

	Deutsche Bank	
	Direktion der Diskonto-Gesellschaft	
	Dresdner Bank	
30	Mendelssohn & Co.	
	Nationalbank für Deutschland	
	A. Schaaffhausen'scher Bankverein	
	Robert Warschauer & Co.	
105		

Saldo:

zu empfangen: — —

zu liefern: *Mk. 165,*

26. Februar 1903

Firma: *Nationalbank für Deutschland.*

Norddeutsche Lloyd-Aktien.

Mille Von:		Mille An:
45	Bank für Handel & Industrie	
	Berliner Handels-Gesellschaft	
75	S. Bleichröder	
	Deutsche Bank	
	Direktion der Diskonto-Gesellschaft	
15	Dresdner Bank	
	Mendelssohn & Co.	
	Nationalbank für Deutschland	
	A. Schaaffhausen'scher Bankverein	30
	Robert Warschauer & Co.	30
135		60

Saldo:

zu empfangen: *Mk. 75,000*

zu liefern: —

26. Februar 19

Firma: *A. Schaaffhausen'scher Bankverein.*

Norddeutsche Lloyd-Aktien.

Mille Von:		
	Bank für Handel & Industrie	
	Berliner Handels-Gesellschaft	
	S. Bleichröder	
60	Deutsche Bank	
15	Direktion der Diskonto-Gesellschaft	
	Dresdner Bank	
30	Mendelssohn & Co.	
30	Nationalbank für Deutschland	
	A. Schaaffhausen'scher Bankverein	
15	Robert Warschauer & Co.	
180		

Saldo:

zu empfangen: *Mk. 150,*

zu liefern: —

Deutsche Bank	
Direktion der Diskonto-Gesellschaft	
Dresdner Bank	
Mendelssohn & Co.	*30*
Nationalbank für Deutschland	*15*
A. Schaaffhausen'scher Bankverein	
Robert Warschauer & Co.	*30*
	90

Saldo:

zu empfangen: *Mk. 360,000*

zu liefern: — —

	Deutsche Bank	
	Direktion der Diskonto-Gesellschaft	*30*
30	Dresdner Bank	
	Mendelssohn & Co.	
	Nationalbank für Deutschland	
	A. Schaaffhausen'scher Bankverein	*30*
	Robert Warschauer & Co.	
60		*60*

Saldo:

zu empfangen: — —

zu liefern: — —

26. Februar 1903.

ma: *Robert Warschauer & Co.*

Norddeutsche Lloyd-Aktien.

	Mille An:
Bank für Handel & Industrie	*30*
Berliner Handels-Gesellschaft	
S. Bleichröder	*30*
Deutsche Bank	*15*
Direktion der Diskonto-Gesellschaft	
Dresdner Bank	
Mendelssohn & Co.	
Nationalbank für Deutschland	
A. Schaaffhausen'scher Bankverein	*45*
Robert Warschauer & Co.	
	120

Saldo:

zu empfangen: — —

zu liefern: *Mk. 60,000*

Gesamt-Aufstellung des Liquidationsbureaus.

Norddeutsche Lloyd-Aktien.

Firma	Hat zu empfangen	Hat zu liefern	per Saldo zu empfangen	per Saldo zu liefern
	Mille	Mille	Mille	Mille
Bank für Handel & Industrie	165	105	60	—
Berliner Handels-Gesellschaft	75	120	—	45
S. Bleichröder	180	255	—	75
Deutsche Bank	180	480	—	300
Direktion der Diskonto-Gesellschaft	105	270	—	165
Dresdner Bank	450	90	360	
Mendelssohn & Co.	60	60	—	—
Nationalbank für Deutschland	135	60	75	—
A. Schaaffhausen'scher Bankverein	180	30	150	—
Robert Warschauer & Co.	60	120	—	60
Summa	1590	1590	645	645

Demgemäss veranlasst das Liquidationsbureau:
die Deutsche Bank Mk. [illegible] an die Dresdner Bank
Robert Warschauer & Co. Mk. [illegible] an die Dresdner Bank
S. Bleichröder Mk. [illegible] an die Nationalbank für Deutschland
die Berliner Handels-Gesellschaft Mk. [illegible] an den A. Schaaffhausen'schen Bankverein
die Direktion der Diskonto-Gesellschaft Mk. [illegible] an die Bank für Handel & Industrie
[illegible] Bank für Handel & Industrie
[illegible]

FSC
www.fsc.org
MIX
Papier | Fördert
gute Waldnutzung
FSC® C083411

Kolibri 360 GmbH
Ferdinand-Jühlke-Straße 7
99095 Erfurt, Deutschland
produktsicherheit@kolibri360.de